Diversjonsteori.

Et bidrag. Til studier.

Av århundrers Bedrag. Barbari. Og Idioti.

Bo Kenneth

bokenneth@outlook.de

2024

FSC
www.fsc.org
MIX
Papir fra bærekraftige kilder
Paper from responsible sources
FSC® C105338

Forlag: BoD – Books on Demand, Oslo, Norge

Trykk: BoD – Books on Demand, Norderstedt, Tyskland

ISBN: 978-82-845-1041-5

Pengene.

Eller livet??

Engang. Et uttrykk.

For en enkel logikk.

Idag. Velger vi ”pengene”.

Uten å se det.

Som et dilemma.

Uten. Å ville innse.

At valget. Vil kunne vise seg.

Som avgjørende.

Og absolutt.

Vi velger ”pengene”.
Som betingelse.
For å ”overleve”.

Og opprettholde kampen.
Som form.
For tilværelse.

Der kampen anses.
Som samfunnsgagnlig.
Og nødvendig.
Som en daglig kamp.
Og et eksistensielt prinsipp.

For å gjøre. Det meningsløse.
Mindre åpenbart.

Bare.

Ved at alle.

Lar seg blende. Og bedra.

Vil ”pengene”.

Kunne opprettholde.

En illusorisk ”verdi”.

Som formål

Og forutsetninger.

For kampen.

Og århundrers kommers.

Og kremmeri.

Som en endeløs kamp.

Motivert.
Av allmenn angst.
Og forestillinger.
Om ”penger”.

Som utgangspunkt.
For allmenn avhengighet.
Av uopphørlig higen.
Og en kontinuerlig kamp.

* * *

Sir James Frazer.
Beskriver.
Hvordan forhistoriske samfunn.
Holdt offerfester.

Med offergaver.
For å oppnå. Og opprettholde.
Guders gunst.

Der et gjennomgående trekk.
Var årlige ofringer.
Av stammens landsbyidiot.
Som ”syndebukk”.

Som gjennom hele året.
Ble gjort til gjenstand
For stammens hyllest
Og overdådige oppvartning.
For å øke offerets ”verdi”.

Hvor rollen som "syndebukk"
Etterhvert.
Ble attraktiv for andre.

Som beholdt livet.
Med "Makt".
Og mytiske krefter.
Basert.
På guders gunst.
Og stammens idolisering.

Slik at rollen.
Som stammens "Overhode"
Ble til noe. Noen kunne erobre
For å "overleve".
Ut fra stammens strev.

Ut fra rollen.
Som stammens "Overhode".
Som utgangspunkt.
For kontinuerlig rivalisering.
Og kamp.
Motivert. Av forestillinger.
Om mytisk "Makt".

Slik ble stammens strev.
Til en forutsetning.
For forestillinger. Og fordringer.
Om mytisk ”Makt”.

Der alles ve og vel.
Ble antatt å avhenge.
Av mytiske skikkelsers ”Makt”.

Som i sin tur.
Var avhengig av stammens strev.
For å fremheve. Forsvare.
Og fornye forestillinger.
Om mytiske skikkelsers ”Makt”.

Slik opprettholdes former.
For ”sameksistens”.
Der alle bidrar.
Til et sosialt.
Og eksistensielt hierarki.

Som dominerer og stimulerer kampen.
For å fremheve.
Forsvare.
Og fornye en parasittisk praksis.

Glorifisert.
I utallige fortellinger.
Om utallige kriger. Og konflikter.
Blant utallige ”Høvdinger”. Og ”herskere”.
Som stammens ”syndebukker”

Ifølge Frazer.

Vil magi.

Og religion.

Som form for magi.

Kunne sees.

Som primitive bestrebelser.

For å bedra andre.

Og hverandre.

Ut fra frykt.

Og angst.

Blant alle.

Blant "ville horder".

Motivert. Av frykt.

Og angst.

Som utgangspunkt.

For forestillinger.

Om "Makt".

Og "guder".

Som symboler.
    For ”overmakt”.

Som likevel.
    Kan manipuleres.
    Bedras.
    Og ”blidgjøres”.
Av prester.

Som mellommenn.
    Mellom ”guder”.
    Og ”syndebukker”.
Som ”Høvdinger”.
    Og ”herskere”.

Som en slags halvguder.
    Mytifisert.
    Som ”ledere”.

* * *

Snorres fortellinger.

Beskriver hvordan Odin.

- ”fór vidt omkring

og vant seg mange riker”.

Han kom opprinnelig.

Fra Åsaland/Åsaheim/Asjord.

Fra store/kalde Svitjord.

Øst for munningen

Av Don.

Hvor han var ”Høvding”.

På den tiden.

- ”fór romerhøvdingene vidt om
  i verden,
- og la under seg alle folk”.

Mange ”Høvdinger”

- ”flyktet fra eiendommene sine,
  for denne ufreden”.

Men Odin var fremsynt.

Og dro vestover. I Gardarike.

Og så sør i Saksland.

Deretter.

Fór han nordover. Til Kiel.

Til Odense.

Og videre til Mälaren.

Odin.

Og hans folk.

Brakte med seg skikker.

Og kunnskaper.

Gjennom runer. Og sagn.

Ritualer.

Og blot.

Gjennom videre vandringer.

Og vikingtokter.

Gjennom brenning.

Og ofring.

Gjennom graver. Balsamering.

Og forestillinger.

Om evig liv.

Snorres beskrivelser.

Illustrerer nyere teorier.

Og modeller.

Vedrørende gamle folkevandringer.

Der betegnelsen ”konge”.

Viser til en tradisjon.

Der ”den fornemme”. Anses som sådan.

Fordi han er sønn.

Av en ”fornem mann”.

Betegnelsen er derved knyttet.

Til en nepotistisk tradisjon.

Og ikke.

Til andre aktuelle egenskaper.

Slik at enhver.

Som kunne gjøre seg til ”konge”.

Kunne sikre sin stilling.

Gjennom sin sønn.

* * *

Riane Eisler.

Viser til.

”a cataclysmic cultural change”.

Som et skille.

Mellom en fredelig fortid.

Uten tegn til krig.

Og nyere teoriers beskrivelser.

Av krigerske stammer.

Fra øst/nordøst.

Som gjennom flere større ”innvandringsbølger”.

Beseiret og ødela.

Mer fredelige klaner.

Både i midt-østen.

Og i Europa.

Muligvis.

Som følge.

Av økende territorielle behov.

For stammer.

Med hester.

Muligvis inspirert.

Av krigerske ”guder”.

Og aggressive ”Høvdinger”.

I motsetning.

Til tidligere tiders.

Fredelig og egalitær sameksistens.

Der landsbyer. Ble bygd.

Der det var praktisk.

Pent.

Og fruktbart.

Der ”guden”.

Var en kvinne.

Som symboliserte.

Livets regenerative.

Og livgivende krefter.

Der frykt.

For døden.

Ble overskygget.

Av livsglede.

Uten tegn til vold.

Brutalitet.

Eller personlige ambisjoner.

I kontrast.

Til mer aggressive former.

For "sameksistens".

Basert på krig. Og vold.

Som grunnlag.

For glorifisering av våpen.

Og krigskunst.

Mannsmot.

Og heltedyrkelse.

Samt kvinneundertrykkelse.

Der.

Vår vestlige ”sivilisasjon”.

Anses å stamme.

Fra det ”klassiske” Hellas.

Med en mannsdominert samfunnsstruktur.

Organisert.

Som et autoritært hierarki.

Basert.

På offentlig.

Og guddommelig legitimert Vold.

Der materiell velstand.

Og Overflod.

Fordrer kamp

Og krigføring.

Gjennom plyndring.

Og nedslakting.

Av andre.

Gjennom slaveri

Og krig.

Som en normaltilstand.

Og et ”nødvendig onde”.

Som uttrykk.

For ”guders vilje”

Og ”Makt”.

Uttrykt.

Som helliggjøring.

Og idealisering.

Av soldater.

”helter”.

Og ”herskere”

Som basis.

For et verdensbilde.

Opprettholdt.

Gjennom kamp.

Og en kontinuerlig sosial konflikt.
Stimulert.
Og dominert.
Av aggressive "guder".

Og aggressive "herskere".
Som forgrunnsfigurer.
For et primitivt.
Og destruktivt.
Eksistensielt prinsipp.

Forsvart.
Av offentlig vold.
Som en bærende
Sosial praksis.

* * *

Nyere teorier.
Viser til.
En vestlig ”virkelighet”.
Som fremdeles bygger.
På primitive prinsipper.

Oppstått.
Blant forhistoriske stammer.

Som ofre.
For fatale forestillinger.
Og fortellinger.

Som omfatter. En rekke.
Heller ensformige beretninger.
Om ”helter”. Som sloss.
Om kriger.
Og kontinuerlige konflikter.

Om meningsløs rivalisering.
Og bestialsk Vold.

Som uttrykk.
For primitiv parasittisme.
Og utgangspunkt.
For uendelig lidelse.

Der prester.
Og "fyrster".
"Konger" og "Keisere".
Snylter og snyter.
Lyver og bedrar.
Horer og høkrer.
Myrder og brenner.

For å fremheve. Og forsvare.
Fornye og forsterke.
Sin "Makt".

Der det fremfor alt.

Er denne endeløse kampen.

Som har forvoldt.

De massive ødeleggelsene.

Og de millioner døde. Og nødlidende.

"Historien".

Er fylt av.

Der alminnelige undersåtters.
Daglige strev.
Har bidratt. Til å støtte.
Og styrke kampen.

Som en avgjørende forutsetning.
For aggressive ”herskeres”.
Selvdestruktive streben.

Som et avgjørende utgangspunkt.
For allmenn angst.

Der vi aktivt.
Og aggressivt bidrar.
Til å fremheve. Fornye.
Og forsterke allmenn angst.

* * *

Rudolf Otto.

Hevder at.

En overveldende angst.

For det ukjente.

Det fremmede.

Det "overmektige".

Ligger til grunn.

For all religiøsitet.

Der "guders" tilstedeværelse.

Vil kunne sees.

Som en trussel.

Og som utgangspunkt.

For en universell "orden".

Mens frykt.
For ”gudene”.
Har lagt. En tabuiserende ”jernring”.
Rundt samfunnet.

Har ”guders” tilstedeværelse.
Også bragt løfte.
Om hjelp. Og trøst.
Bistand. Styrke.
Og ”overmenneskelige” krefter.

Samt overveldende grøde.

Ut fra angst.
Og Uvitenhet.
Kombinert.
Med forundring.
Og skapende fantasi.

Har tilværelsen.
I stor grad.
Blitt tolket. Strukturert.
Og organisert.
Ifølge antagelser
Om "guders" vesen.
Og vilje.

Som utgangspunkt.
For sosial.
Og kulturell "orden".

Definert. Av dem.
Som til enhver tid.
Kunne tolke. Og forstå.
"Gudenes" vesen.
Og vilje.

I den grad.
Angst danner basis.
For religiøsitet.

Vil religiøs tilbedelse.
Også opprettholde. Den angst.
Den er motivert av.

Der aggressive.
Og skrekkinnjagende ”guder”.
Vil forsterke.
Denne dynamikken.

Der slike ”guder”.
Vil bidra.
Til en allmenn eksistensiell aggressivitet.

Som i sin tur.
Vil forsterke.
En allmenn eksistensiell angst.

Som en selvforsterkende kraft.
Innenfor.
Et sosialt. Kulturelt.
Og eksistensielt samspill.

Som også.
Vil inneholde.
Et selvdestruktivt aspekt.

I tillegg.
Vil eksistensiell angst.
Bidra.
Som en forutsetning.
For en hierarkisk sosial.
Og eksistensiell struktur.

Der vertikal differensiering.
Objektifisering.
Og personifisering.
Oppstår. Som følge av.
Allmenn streben.
Etter ”Makt”.

Hvor livet .

Blir til en kamp.

Om ”Makt”.

En kamp.

Som effektivt bidrar.

Til å opprettholde. Den hierarkiske struktur.

Den er betinget av.

Som bare.

Kan bevares.

Gjennom allmenn kamp.

* * *

Giambattista Vico.
Viser til.
Studier av myter,
Som nøkkel.
For å forstå.
Oss selv.

Og vårt mytiske univers.

Der ideene.
Forestillingene.
Og prinsippene.

Fremstår.
Som "skapende".

Som fembringer. En verden.
Oppstått.
Gjennom mytene.

Som uttrykk.
For hva. Og hvem.
Vi antar at vi er.

Som utgangspunkt.
　　For hva vi gjør.
　　Og ikke gjør.

I et samfunn.
　　Som er oppstått ”naturlig”.
Ut fra spontane.
　　Og kollektive reaksjoner.

Ut fra sansing.
　　Følelser.
　　Og fantasi.

Ut fra Uvitenhet.
　　Objektifisering.
　　Og glorifisering.

Med mennesket.
　　Som målestokk.
　　For en verden.
Skapt av mennesker.

Der mytene.

Ifølge Habermas.

Er et uttrykk.

For en ”dobbeltillusjon”.

Hvor menneskene.

Tror på egne forestillinger.

Om imaginære vesener.

Hvor Vico hevder.

At mennesket.

Skaper seg selv.

Og identifiserer seg.

Med sine forestillinger.

Myter skaper.

Gjenskaper.

Og opprettholder forestillinger.

Og ideer.

Gjennom fortellinger.

Gjennom språklig diskurs.

Som regenererer.

"Et hele".

Et alltid ufullstendig "hele".

Som i sin tur stimulerer.

Og motiverer prosessen.

Som inneholder.

Og redefinerer.

Det regenerative potensialet.

Hvor vi "skaper".

Idet vi erkjenner.

Og erkjenner.

Idet vi "skaper".

Hvor vårt verdensbilde.
    Hele tiden blir til.
Som flyktig. Foranderlig.
    Og alltid ufullstendig.

Alltid subjektivt.
    Illusorisk.
Og iboende irrasjonelt.

Bare opprettholdt.
    Gjennom kampen.
    For ”tilværelsen”.

Som utgangspunkt.
    For kampen.

Ifølge Vico.
Er filosofisk visdom.
En form for forståelse.

Som er i stand til.
Å erkjenne seg selv.

I motsetning til.
En såkalt analytisk.
Og algebraisk metode.
Som sløver.
Og binder.

Som binder sansing.
Og fantasi.
Og fører til former.
For "kalkulatorisk fornuft".

I det Vico kaller.
"Refleksjonens barbari".
Der "vitenskap".
Blir redusert til regnekunst.

Illustrert ved Descartes.

Som i sitt eget ego.

Ville finne.

”Fornuftens naturlig lys”.

Og derfra bygget opp.

En metafysikk.

En enhetlig vitenskap.

Basert. På en overordnet.

Algebraisk-matematisk metode.

Med ”sannhet”.

Matematikk.

Og logikk.

Som ”arkhimediske punkter”.

Som objektifiserer.

Og naturaliserer.

Menneskeskapte modeller.

Som overser. Og neglisjerer.

Det menneskelige livets dynamikk.

Ufullstendighet.

Og subjektivitet.

* * *

”Historien”.

Består av historier.

Fortellinger.

Som maskerer.

Og mytifiserer.

Glorifiserer.

Og guddommeliggjør.

Som bidrag.

Til århundrers Bedrag.

Og allment selvbedrag.

Som uttrykk.

For frykt.

Og flukt.

Som frykt.

Og angst,

For andre.

For flokker.

Og horder.

Av andre.

Blant flokker.

Og horder.

Av ”hanner”.

Inspirert.

Av ”guder”.

Og forestillinger.

Om ”Makt”.

Som former.

For å maskere.

Og mytifisere frykt.

Og angst.

Som former.
For å glorifisere.
Og guddommeliggjøre.
En primitiv.
Og destruktiv tilværelse.

Ut fra aggressivitet.
Og rivalitet.
Blant ”hanner”.

Som ”Høvdinger”.
Og ”herskere”
Som fordrer horder.
Av ”hanner”.

For å fremstå.
Og fremheves.
Som ”Høvdinger”.
Og ”herskere”.

Forsvart.
Av ”guder”.

”Historien”.

Omfatter.

Og opprettholder forestillinger.

Og fortellinger.

Om kampen.

Som århundrers kamp.

Og krig.

Omtalt.

Og forsvart.

Som grunnleggende.

Og ”naturlig”.

Som en.

”Skapende kraft”.

Og utgangspunkt.

For utvikling.

Og evolusjon.

Ut fra frykt.

Og angst.

Blant ”hanner”.

Ut fra aggressivitet.
Og rivalitet.
Maskert.
Som Grådighet.

Som former.
For Bedrag.
Som ikke sees.
Som Bedrag.

Som ikke.
Kan straffes.
Eller stanses.
Ut fra lover.
Og regler.

Formulert.
Og forsvart.
Som forutsetninger.
For århundrers Bedrag.
Og Grådighet.

Som omfatter.

Århundrers kamp.

Og krig.

Kommers. Og kremmeri

Som kommersielle.

Finansielle.

Og industrielle former.

For Bedrag.

Som former.

For organisert.

Og glorifisert.

Kriminalitet.

Motivert.

Av uendelig.

Og umettelig begjær.

Ut fra frykt.

Og angst.

For fravær.

Som ”psykelig” frykt.
For armod.
Og fornedrelse.

Uttrykt.
Som en besettelse.
Og tilnærmet tilbedelse.
Av ”penger”.
Og Overflod.

Som Tegn. For frykt.
Og angst.
Opprettholdt.
Av Grådighet.

Og forestillinger.
Om ikke tilstrekkelig.

”Historien”.

Maskerer.

Og mytifiserer.

En absurd tilværelse.

Dominert.

Og pervertert.

Av ”hanner”.

Født. Av kvinner.

Som hjelpeløse skapninger.

Uten evne.

Til å overleve”

Uten omsorg.

Uten andre.

Som utgangspunkt.

For frykt. Og angst.

For andre.

For fravær.

Av andre.

For fravær.

Av anseelse.

Og anerkjennelse.

Blant andre.

Som frykt.

Og angst.

For å ”tape ansikt”.

Som ”Det sterke kjønn”.

Uten evne.

Til å leve.

Uten kamp.

For å ”overleve”.

Og opprettholde.

Oppdiktede forestillinger.

Om ”hanner”.

Som ”guder”,

Og ”Overhoder”.

Som grunnleggende.

Og avgjørende.

For kampen.

For å bedra. Betvinge.

Og beherske.

Ut fra allmenn angst.

Og avhengighet.

Av Grådighet.

Ut fra.

Allment "arbeid".

Og allmenn anerkjennelse.

Av allmenn Underkastelse.

Som undersåtter.

Skolert.

Og dressert.

Ut fra allmenn skolegang.

Som form.

For Tvang.

Som allmenn utdannelse.

Til Underkastelse.

Som bidrag.

Til århundres Bedrag.

Og allment selvbedrag.

Som bidrag.
Til å kommersialisere.
Industrialisere.
Og vandalisere.
Praktisk talt alt.
Overalt.

For å. "Skape Verdier".
"Vekst".
Og "Velstand".

Ut fra allment trelleri.
Og fordringer.
Om å fortrenge forestillinger.
Om lønns- og gjeldsslaveri.

Som mentalt.
Sosialt.
Og fundamentalt forkastelig.

Som masseproduksjon.
Av forfall.
Og forsøpling.
Forslumming.
Og fordumming.

Motivert.
Av former.
For Bedrag.

Som fordrer.
Og forutsetter.
Allment ”arbeid”.

For å opprettholde.
En ”velferdsstat”.
Som en arbeids-
Og tvangsanstalt.

For horder.
Av undersåtter.

Motivert.
Av illusjoner.
Og former.
For Bedrag.

Som forsvar.
Og forutsetninger.
For flokker.
Av forholdsvis få.

Som åpenbare ”folkefiender”.
Forkledd.
Som ”samfunnsstøtter”.

Ut fra århundrers Bedrag.

* * *

Bedrag.

Definert.

Som det å forlede.

Og forsettelig villede.

I vinnings hensikt.

Ved å fremkalle.

Og forårsake tap.

Eller skade.

For andre.

Som straffes.

Normalt.

Med bøter. Eller fengsel.

Eller begge deler.

Bedrag.

Forutsetter forestillinger.

Om fravær.

Av Bedrag.

Sett. Som ”sannhet”.

Eller ”fakta”.

Som ”faste holdepunkter”.

I et univers.

Av illusjoner.

Der alt.

Er relativt.

Subjektivt.

Og fiktivt.

Flyktig.

Forgjengelig.

Og aldri endelig.

Der Vico hevder.
At "det sanne".
Er "det skapte".

At "sannhet" fremstår.
Og formuleres.
Gjennom kreativitet.
Og skapende oppfinnsomhet.

Inspirert.
Av illusjoner.
"Religion".
Og narrativ fiksjon.

Som ikke alltid anses.
Som Bedrag.

Ut fra hva vi gjør.
For å bedras.

For å fordreie.

Og fortrenge.

For å forledes.

Og forblindes.

Som former.

For flukt.

Som omfatter.

Århundrers kamp.

Og utallige kriger.

Som former.

For kollektiv.

Og regenerativ diversjon.

Motivert. Av frykt.

Og angst.

Opprettholdt.

Av en illusorisk.

Og irrasjonell tilværelse.

Som hele tiden oppstår.

Og forfaller

Ut fra hva vi gjør.

Uten. Å forstå.

Ut fra Uvitenhet.
Og primitivitet.

Inspirert.
Av ”guder”.
Og oppdiktede forestillinger.
Om ”Makt”.

Som forutsetninger.
For en fiktiv.
Og hierarkisk tilværelse.

Et hierarkisk fjell.
Av frykt.
Og angst.

Oppstått. Og opprettholdt.
Som en kontinuerlig.
Sosial.
Og eksistensiell konflikt.

Som forleder.

Forblinder.

Og fordummer.

Ut fra frykt. Og angst.

For anarki.

Som mer skremmende.

Enn århundrers barbari.

* * *

”Historien”.

Beskriver.

Og belyser.

Århundrers barbari.

Som ”Bestialitetens historie”.

Som omfatter århundrers Vold.

Og Vanvidd.

Kamp. Og krig.

Som åpenbare former.

For iboende Idioti.

Inspirert.
Av ”guder”.
Som fiktive.
Og primitive skikkelser.

Og forutsetninger.
For fiktive.
Og primitive forestillinger.
Om ”Makt”.

Formulert.
Ut fra frykt.
Og angst.
Blant ”Høvdinger”.
Og ”herskere”.

Uten evne.
Til å leve.
Uten kamp.
Og kriger.

Som forutsetninger.
For ”Høvdinger”.
Og ”herskere”.

Som ”hanner”.
Som er ”enklere satt sammen”.

Med en medfødt.
Mental defekt??

Maskert.
Som kampen.
Og århundrers rivalitet.

Mytifisert.
Som kapitalisme.
Og kommunisme.
Som fascisme.
Og neoliberalisme.

Og former.
For ”sosialdemokrati”.

Som ”folkestyre”.
Dominert.
Av ”hanner”.
Som ”Høvdinger”.
Og ”herskere”.

Som ”Overhoder”.
For en kontinuerlig sosial.
Og eksistensiell konflikt.

Opprettholdt.
Av Grådighet.

Uendelig.
Og umettelig Grådighet.

Fordømt.
Av ”guder”.
Som en.
Av ”syv dødssynder”.
Og åpenbart opphav.
Til århundrers helvete.

Som utgangspunkt.
For århundrers fordringer.
Om å fordreie.
Og fortrenge.

Som forutsetninger.
For forestillinger.
Om Overflod.
Pomp. Og prakt.
Som Tegn.
For "Makt".

Og guders gunst.

I en forhistorisk.

Og dystopisk tilværelse.

Allment ansett.

Som avgjørende.

Grunnleggende.

Og ”naturlig”.

Glorifisert.

Og guddommeliggjort.

Ut fra århundrers fortellinger.

Og forestillinger.

Forsvart. Og forkledd.

Som ”religion”.

”Politikk”.

Og ”Økonomi”.

Som fortellinger.
Om ”frihet”. ”Likhet”.
Og ”demokrati”.

Formulert.
Som forutsetninger.
For fordringer.
Om allmenn Underkastelse.

Ut fra svik. Og svindel
List. Løgn og hykleri.
Som spill. For galleriet.
Og bondefangeri.
Som fordrer floskler.
Og fraser.
Tomme løfter.
Og tomme talemåter.

Som forsvar.
For oppdiktede forestillinger.
Om ”Høvdinger”.
Og ”herskere”.

Som ”helter”.
I utallige tragedier.

I utallige fortellinger.
Om uendelig
Og umettelig begjær.

Ut fra fravær.
Av sosial.
Og eksistensiell forståelse.
Blant ikke alltid.
Like lynende intelligente ”herskere”.

Som personifiserer.
Og dramatiserer.
En tragisk defekt.

Uttrykt.
Som århundrers fordringer.
Om pomp.
Og prakt.
Rang. Og respekt.

Blant ”herskere”.

Som forgrunnsfigurer.

For århundrers Vold.

Og Vanvidd.

Utalliger kriger.

Og uendelig lidelse.

Til alles felles beste.

Som bidrag.
Til århundrers Bedrag.
Organisert.
Som ”Stater”.

Som Rettsstater.
Dominert. Av Rett.
Til å bedra. Betvinge.
Og beherske.

Forsvart. Av Vold.
Og former.
For fiksjon.

Guddommeliggjort.
Som ”religion”.

Som oppdiktede forestillinger.
Og fortellinger.
Formulert.
Som forutsetninger.
For tro. Tilbedelse.
Og allmenn Underkastelse.

Som former.

For flukt.

Inspirert.

Av illusjoner.

Og oppdiktede skikkelser.

Som ”guder”.

Og ”Overhoder”.

Som bakgrunn.

For oppdiktede forestillinger.

Om ”eliter”.

Som forholdsvis få.

Som personifiserer.

Århundrers Idioti..

Og egomani.

Globalisert

Som megalomani.

Og uttrykk.

For ”psykelig” frykt.

Og angst.

Som USAngst.
    Maskert.
    Og mytifisert.
Som kamp. Og krig.
Kommers. Og kremmeri.

Motivert.
    Av "Makt".
Og frykt.

Som utgangspunkt.
    For kampen.
Og uendelige fordringer.
    Om å fremstå.
    Og fremheves.
Som "den sterkeste".

Blant horder.
    Av undersåtter.
Med formål.
    Å produsere. Konsumere.
Og formere seg.

For å bevare.
    "Det bestående".

Som danner basis.
    For hva vi gjør.
Og ikke gjør.

Som stort sett ”styrer”.
    Hva vi vil.
Og velger.
    Tror. Og tenker.

Hva vi finner rimelig.
    Og rettferdig.
    Riktig.
Og rasjonelt.

Ut fra allmenn angst.
    Og avhengighet.
Av illusjoner.
Livsløgn.
    Og selvbedrag.

Ut fra flyktige. Fiktive.
    Og forgjengelige forestillinger.
    Og fortellinger.

Formulert. Og forsvart.
    For å forlede.
    Og fornedre.
Forblinde.
    Og fordumme.

Som forutsetninger.
    For kampen.

Som aldri. Har hatt.
    Eller har.
    Som formål.
Å bidra.
    Til alles felles beste.

Som i stedet signaliserer.
En slags.
Endeløs fornyelse.
Av århundrers helvete.

Forsvart.
Og forkledd.
Som ”ledelse”.

Som betegnelse.
For å fremheve. Forsvare.
Og opprettholde forestillinger.
Om pyntedokker.
Og syndebukker.
Som ”ledere”.

Mytifisert.
Og glorifisert.
Som ”Høvdinger”
Og ”herskere”.

Som er ”enklere satt sammen”.

Uten evne.

Til å ”lede”.

Uten Vold.

Som forsvar.

For ”folket”.

Som forsvar.

For fordringer,

Om å bedra. Betvinge.

Og beherske.

Som forsvar.

For ”Høvdinger”.

Og ”herskere”.

Som utgangspunkt.

For en asosial.

Og antisosial tilværelse.

En fatal.

Og fundamental hakkeorden.

Forsvart.

Og opprettholdt.

Av ”ville horder”.

Motivert.

Av ”Makt”.

Og frykt.

For andre.

Som ”fiender”.

Som kommunister.

Og terrorister.

Inspirert.

Av andre ”guder”.

Og andre forestillinger.

Om andre.

Opprettholdt.

Av kampen.

Der en mulig utvei.
    Ut av århundrers helvete.
Vil måtte medføre.
    At vi ikke gjør.
    Hva vi gjør.

Slik. At vi ikke bidrar.
    Til andres Bedrag.
Og ikke deltar.
    I kampen.

Ut fra forståelse.
    Og erkjennelse.
Av at vi omsider.
    Må lære.
    Å leve.
Uten ”ledere”.

Uten. Oppdiktede forestillinger.
Om oppdiktede skikkelser.
Som "ledere".

Som symboler.
Og forgrunnsfigurer.
For århundrers Bedrag.

Og århundrers bestrebelser.
For å fremheve.
Og forsvare.
Former for fiksjon.

Som fiktive.
Og oppdiktede forestillinger.
Om "ledelse".

Som kampen.
For å fremstå.
Og fremheves.

Motivert. Av ”Makt”.
Og frykt.
Som utgangspunkt.
For fordringer.
Om pomp. Og prakt.
Rang. Og respekt.

Som former.
For selvbedrag.
Og bidrag.
Til århundrers Bedrag.

Forkledd.
Som ”politikk”.

Som svik. Og svindel.
Vold. Og Vanvidd.
Krig. Og lidelse.

Som former.
For ”ledelse”.

Som fordringer.
Om å bedra. Betvinge.
Og beherske.
Ut fra frykt.
Og angst.
Blant ”ledere”.

Som årsak. Og opphav.
Til århundrers helvete.

Ut fra Uvitenhet.
Primitivitet.
Og fravær.
Av sosial.
Og eksistensiell forståelse.
Blant ”herskere”.

I en verden.
Dominert.
Og ”styrt”.
Av rivalitet.
Og Grådighet.

Som former.
For selvfornyende.
Og selvforsterkende.
Selvdestruktivitet.

Blant ”Høvdinger”.
Og ”herskere”.

Uten evne.
    Eller vilje.
Til å avvikle Vanviddet.

Uten evne.
    Eller vilje.
Til å anse.
    Og anerkjenne Vanviddet.
Som Vanvidd.

Som former.
    For å fornye frykt.
    Og angst.
Som utgangspunkt.
    For alt Ondt.

I en verden.

Uten reell erkjennelse.

        Eller forståelse.

Av Homo Sapiens.

        Det tenkende mennesket.

Som fanger.

        I Platons hulelignelse.

Som sitter lenket.

        Fascinert.

        Av illusjoner.

Projisert.

        Av andre.

For å forlede. Og fornedre.

        Forblinde.

        Og fordumme.

Som utgangspunkt.

        For en illusorisk.

        Og irrasjonell.

"Virkelighetsforståelse".

Som bygger på.

At ingen. Bryter lenkene.

Ut fra frykt.

For "frihet".

Som mer skremmende.

En et livslangt fangenskap.

Opprettholdt.

Av forestillinger.

Og fordringer.

Om "ledelse".

”Historien”.

Bygger på frykt.

Og angst.

Blant ”hanner”.

Som ”Høvdinger”.

Og ”herskere”

Dominert.

Av aggressivitet.

Rivalitet.

Og Grådighet.

Maskert.

Som en ”hellig treenighet”.

Av ”religion”.

”Politikk”.

Og ”Økonomi”.

Som utgangspunkt.
　　　　For en slags ”sammensvergelse”.
Modernisert.
　　　　Som neoføydalisme.

Som gjensidig avhengighet.
　　　　Mellom ”Overhoder”.
Og ”eliter”.
　　　　Av pamper. ”Partier”.
　　　　Og pengepugere.

Der ”Overhoder”.
　　　　Søker støtte.
Blant ”de rike”.

Som i sin tur.
　　　　Fordrer.
　　　　Og forsvarer forestillinger.
Om ”Overhoder.

Som forutsetninger.
　　　　For allmenn aksept.
　　　　Og anerkjennelse.
Av de griske. Og grådige.

Som fundament.
For allment ”arbeid”,
Og Underkastelse.
Blant horder.
Av undersåtter.

Som bidrag.
Til et fatalt.
Globalt helvete.

Opprettholdt.
Av uendelig.
Umettelig.
Og globalisert Grådighet.

Det tenkende mennesket.
Velger ”pengene”.
Fremfor livet.
For å ”overleve”.

For å opprettholde kampen.
Og forestillinger.
Om Overflod.

Som formål.
Og forsvar.
For kampen.

Som allment ”arbeid”.

Kamp. Og krig.

Kommers. Og kremmeri

Motivert.

Av ”pengene”.

Som Tegn.

For Tvang.

Og allmenn Underkastelse.

Det tenkende mennesket.
    Ofrer livet.
For å ”overleve”.

Som bidrag.
    Til kampen.
    Og allment selvbedrag.

Ut fra hva vi gjør.
    For å bedras.

For å forledes.
    Forblindes.
Og fordummes.

Ut fra allment ”arbeid”.
    Og Underkastelse.

Det tenkende mennesket.
Har aldri.
Lært å leve.
Utover. Å ”overleve”.

Ut fra Uvitenhet.
Og primitivitet.
Som utgangspunkt.
For kampen.

Og hva vi gjør.

Som former.
For flukt.
Og uttrykk.
For frykt.

Opprettholdt.
Av kampen,

Det tenkende mennesket.
    Har aldri.
    Lært å leve.
Uten former.
    For Bedrag.
Og allment selvbedrag.

Som elementer.
    I en enkel
    Og enhetlig modell.

Definert.
    Ut fra.
    Et diversjonsteoretisk perspektiv.
Basert.
    På betraktninger.
    Av "Historien".
Som form.
    For fiksjon.

Formulert.
For å forlede. Og fornedre.
Forblinde.
Og fordumme.

Som forsvar.
For århundrers fordringer.
Om selvhevdelse.

Som former.
For selvfornyende selvfornedrelse.
Og utgangspunkt
For århundrers Grådighet.

I et primitivt.
Destruktivt.
Og regenerativt helvete.

Som fordrer. Forutsetter.
Og fornyer frykt.
Og angst.
Uttrykt.
Som allmenn Underkastelse

Blant tenkende mennesker.

Som aldri.

Helt har forstått. Eller erkjent.

At vi lever.

I en latterlig. Absurd.

Og fornuftsstridig ”virkelighet”.

Av aggressivitet.

Rivalitet.

Og Grådighet.

Der ”pengene”.

Danner basis.

For århundrers Bedrag.

Forsvart. Og opprettholdt.

Av kampen.

Og århundrers slaveri.

Ut fra fravær. Av evne.

Til å leve.

Uten Grådighet.

Og århundrers Idioti.

”Something.
Is rotten….”
I ”Staten”.

Som form.
For Voldsvelde.
Og Bandevelde.

Forsvart.
Av kampen.
Og hva vi gjør.
Som undersåtter.

Okkupert.
Av ”Stater”.
Pervertert.
Av ”Overhoder”.
Oligarker.
Og plutokrater.

Med Rett.

Til Vold.

Tvang.

For å bedra.

Og betvinge.

Som former.

For å beherske.

For å forsvare.

Og glorifisere

Århundrers oligarki.

Og plutokrati.

Som ”Stater”.
Som forfaller….
Ut fra hva vi gjør.
For å bedras….

Som bidrag.
Til aldri endelig fordringer.
Om Overflod.
Og ”rikdom”.

Som symptom.
For en slags sinnssykdom.

Uttrykt. Som Vold.
Og Vanvidd.
Kamp. Og krig.
Kommers. Og kremmeri.

Som fundament.
For et slags "fellesskap".
En slags "deep state".
Av neoføydalisme.
Og neofascisme.

Omtalt. Allerede.
I "1984".
Og "Brave New World".

Som "samfunn".
Der Uvitenhet.
Er styrke.
Og krig. Er fred.

Der undersåtter overvåkes.
Som forsvar.
For et "fellesskap".
Av "totalitære Stater".

I det 21de århundre.

Med ”telescreens”.

Som formidler propaganda.

Ut fra frykt.

For ”desinformasjon”.

I totalt organiserte ”Stater”.

Der ”folket”.

Er ”drugged up”.

Og ”dumbed down”.

Med rusmidler.

Og uendelig underholdning.

Som former.

For fordumming.

Som degraderende diversjon.

Og utgangspunkt.

For Underkastelse.

Ut fra fravær.

Av kritisk tenkning.

Og fravær.

Av ”presse”.

I ”Stater”.
    Som fyller roller.
    Som ”monarker”.

Og asosiale autokrater.

Med Rett.
    Til Vold.
    Og Tvang.
For å fremkalle.
    Og fornye frykt.
Og forestillinger.
    Om plikt.

Til å bidra.
    Til andres Bedrag.
Og allment Bedrag.
    Barbari.
Og Idioti.

Som forutsetninger.

Og fundament.

For en absurd tilværelse.

Basert.

På frykt. Og angst.

Svik. Og svindel.

Som grunnleggende.

Og avgjørende.

For en slags forbannelse.

Forkledd.

Som "politikk".

Som problem.

Og symptom.

For en Ond sirkel.

Avslørt.

Og blottstilt.

Som aldri før.

Der Orwell advarer.

"Don't let it happen.

It depends on you".

Det er. Omsider.
På tide.
Å ikke gjøre.
Hva vi gjør.

Som tenkende mennesker.
Født frie.
Og like.
Med Rett. Til liv
Frihet.
Og personlig sikkerhet.

Der det er lenge siden.
"Lediggang".
Og "dagdriveri".
Var straffbart.

Der slaveri.
Og slavehandel.
Er forbudt.
I alle former.

Slik at ingen.
    Må utsettes.
    For umenneskelig,
Eller nedverdigende behandling.
    Eller straff.

For ikke.
    Å bidra.
Til andres Bedrag.

Der en ikke uvesentlig andel.
    Av allment "arbeid".
Er ødeleggende.
    Forledende.
    Fornedrende.
Og fordummende.

Som form.
    For å ofre livet.
Hver dag. Hele dagen.
    Hele livet.
For å "overleve".

For å kunne. Skaffe tilveie.

Enkle.

Elementære.

Og grunnleggende forutsetninger.

For å leve.

Der ”Staten”.

Har en folkerettslig plikt.

Til å forsvare.

Og opprettholde.

En rekke ”menneskerettigheter”.

Som Rett.

Til frihet. Liv.

Og helse.

Sikkerhet. Velferd.

Og verdighet.

Som Rett.

Til et hjem.

Og mat på bordet.

Ut fra fravær.

Av fattigdom.

Ut fra fravær.

Av lønns- og gjeldsslaveri.

Gjennom.

"Statlig stimulering".

Og Tvang.

Med grunnleggende livsbetingelser.

Gjort til gjenstand.

For kamp.

Og "konkurranse".

Ut fra forestillinger.

Om å "skape verdier".

Og "arbeidsplasser".

Gjennom.

"høy sysselsetting".

Som "det konstituerende".

Og "normalitetsskapende".

I en "moderne" tilværelse.

Der allment ”arbeid”.

Har en grunnleggende.

Og samfunnsbevarende funksjon.

Som form.

For diversjon.

Primitiv.

Destruktiv.

Og regenerativ diversjon.

Som form.

For å fordreie.

Og fortrenge.

En fatal.

Føydal tilværelse.

Bertrand Russell.
Hyller ”lediggang”.
Og fritid.
Som kilder.
Til dannelse. Kultur.
Og sivilisasjon.

Samtidig.
Som andres lediggang.
Alltid. Har vært opphav.
Til forargelse.
Og forskrekkelse.
Blant ”de rike”.

Ifølge Russell.
Er allment ”arbeid”.
En betingelse.
For andres ”lediggang”.

Som en plikt.
Til hardt ”arbeid”.
For å muliggjøre.
Andres dagdriveri.

Med ”plikt”.
Som et begrep.
For å forlede noen.
Til å streve.
For andre.

Der slavestatens etikk.
Peker på ”arbeid”.
Som en plikt.
Som ikke nødvendigvis belønnes.
I forhold til.
Hva som produseres.

Der en del.
Av arbeidsstokken.
Alltid er arbeidsløs.
For å få andre.
Til å arbeide mer.

Som utgangspunkt.
For altfor mye ”arbeid”
Uendelig. Ødeleggende ”arbeid”.

For profitt.
Avkastning. Og gevinst.
For utbytte. Fortjeneste.
Overskudd.
Og Overflod.
Som ”vinning”.

Som form.
For å betale.
For å eksistere.

For stadig nye kriger.
Og for å opprettholde forestillinger.
Om hardt ”arbeid”.
Som ”arbeideres” lodd.

Mens. Moderne produksjon.

Har medført.

En mulighet.

For sikkerhet.

Frihet. Og verdighet.

For alle.

Har vi valgt.

Allment ”arbeid”.

Og fattigdom.

For andre.

Som forutsetninger.

For forestillinger.

Om ”arbeidets evangelium”.

Som hva vi gjør.

Uten. Å ville vite.

Ut fra frykt.

Og angst.

For fravær. Armod.

Og fornedrelse.

Som utgangspunkt.

For produksjon.

Av Overflod.

Og ”rikdom”.

Ut fra forfall.

Forsøpling.

Og fravær.

Av forståelse.

I et ”fellesskap”.

Av kamp.

”Konkurranse”.

Og allmenn aksept.

Og anerkjennelse.

Av former.

For neofascisme.

Som et ”fellesskap”

Av ”flokker”.

Dominert. Av kampen.

Mot andre.

Og hverandre.

Ut fra frykt.

Og angst.

For andre.

Som utgangspunkt.

For kampen.

For å dominere.

Okkupere.

Bedra. Beherske.

Og betvinge andre.

Som forsvar.

Blant andre.

Ut fra frykt.

Og angst.

Blant alle.

Uttrykt.

Som Vold.

Og Tvang.

Og fordringer.

Om total kontroll.

Av alle.

Ut fra frykt.

Angst.

Og total Underkastelse.

Med terror.

Som vern.

Mot terrorisme.

Det er på tide.
        Å ikke bidra.
Til allment Bedrag.
        Barbari.
Og Idioti.

Som allment ”arbeid”.
        Kamp. Og krig.
Kommers.
        Og kremmeri.

Forsvart.
Og glorifisert.
I ”Historien”.

Som fortellinger.
Om et primitivt.
Destruktivt.
Og regenerativt helvete.

Inspirert.
Av ”guder”.
Som utgangspunkt.
For allmenn.
Og utbredt aksept.
Og anerkjennelse.
Av det irrasjonelle.

Forkledd.

Som ”politikk”.

Og århundrers ”ledelse”.

Motivert.

Av illusjoner.

Og maniske fordringer.

Om ”Makt”.

Om storhet. Og styrke.

Og ”overmakt”

Som ”den sterkeste”.

Blant ”førere”.

I en endeløs rekke.

Av utallige ”ledere”.

Som alltid.

Allerede.

Har tapt kampen.

Til tross for århundrers ”ledelse”.
        Som forkledning.
For en fatal tilværelse.
        Som forfaller....

Ut fra allment ”arbeid”.
        Avsinn. Galskap.
Og Idioti.

Ut fra århundrers fordringer.
        Om Overflod.
Og allmenn Underkastelse.

Som former.
        ”Arvesynd”.
Og utgangspunkt.
        For ”evig pine”.

I et helvete.
        Av Uvitenhet.
        Primitivitet.
Og Mindreverdighet.

Maskert.

Som kamp.

Og krig.

Som århundrers Bedrag.

Barbari.

Og Idioti.

For alltid??